EXACTE VÉRITÉ

SUR LA

TROUÉE TENTÉE A BALAN

Le 1ᵉʳ Septembre 1870

(BATAILLE DE SEDAN)

Par M. GRAND-DIDIER

Capitaine au 34ᵉ régiment de ligne, en retraite.

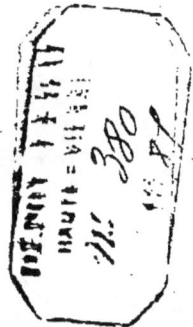

PARIS
11, Place St-André-des-Arts.

LIMOGES
Nouvelle Route d'Aixe, 50.

IMPRIMERIE, LIBRAIRIE ET PAPETERIE

HENRI CHARLES-LAVAUZELLE
Éditeur militaire.

1885.

EXACTE VÉRITÉ

SUR LA

TROUÉE TENTÉE A BALAN

Le 1er Septembre 1870

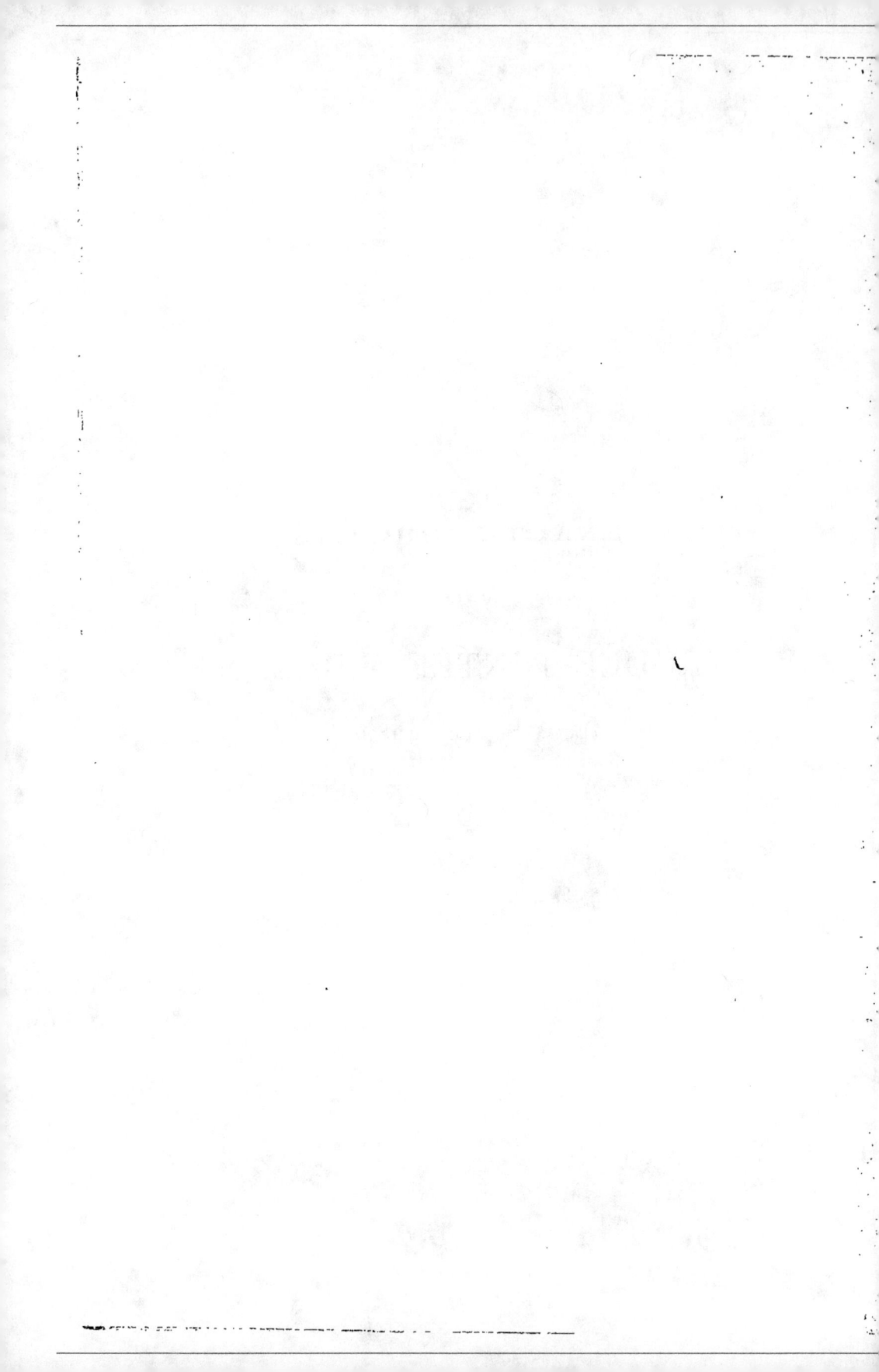

EXACTE VÉRITÉ

SUR LA

TROUÉE TENTÉE A BALAN

Le 1er Septembre 1870

(BATAILLE DE SEDAN)

Par M. GRAND-DIDIER

Capitaine au 34e de ligne, en retraite.

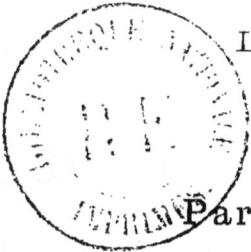

PARIS | LIMOGES
11, Place Saint-André-des-Arts. | Nouvelle route d'Aixe, 50.

IMPRIMERIE, LIBRAIRIE ET PAPETERIE
HENRI CHARLES-LAVAUZELLE
Éditeur militaire.

EXACTE VÉRITÉ

SUR LA

TROUÉE TENTÉE A BALAN

Le 1er Septembre 1870

On a beaucoup parlé et beaucoup écrit sur la percée tentée à Balan par le général de Wimpfen, le 1er septembre, vers quatre heures du soir. Tous ces récits, de bonne foi, je n'en doute pas, s'écartent plus ou moins de la vérité. Je veux rétablir les faits tels qu'ils se sont passés, du moins pour la principale partie des troupes engagées, en restant dans la plus stricte vérité, en ne disant que ce que j'ai vu et entendu, comme témoin ou acteur.

Je ne commente ni ne critique ce qui a été fait ou ce qui aurait dû être fait.

Je ferai observer qu'en demandant à nous porter en avant pour sortir de la position où nous étions, les mots de « trouée » et de « Balan » ne furent pas prononcés.

Il se peut que d'autres aient eu la même idée et la même pensée que nous et que les colonnes se soient rencontrées et confondues dans le trajet, avant que nous arrivions à la route nationale et ensuite à la bifurcation; j'en doute : le général de Vassoigne avait peu de monde avec lui et le général de Wimpfen n'en a pas amené.

De toute la journée du 1er septembre, je n'ai pas aperçu le général commandant notre corps d'armée; la veille, je l'avais vu et lui avais demandé à marcher à l'ennemi, pour porter secours au général Cambriels qui lui réclamait du renfort, avec les 160 à 180 hommes que j'avais pu rallier après que le régiment avait été refoulé de Bazeilles.

Étant toujours en tête de l'attaque et la dirigeant, je n'ai pu voir tout ce qui se passait en arrière.

Je le répète, je ne raconte que ce que j'ai vu et entendu, et je ne dis que la vérité et la vérité seule. Si elle blesse quelqu'un, je le regrette; mais je ne puis la déguiser : mon caractère et mon honneur me le défendent et l'histoire l'exige.

Je n'avais jamais été à Balan avant les affaires de 1870 et je n'y suis pas retourné ; les faits sont aussi présents à ma mémoire que la topographie des lieux que je n'ai vus qu'une seule fois et en courant.

GRAND-DIDIER.

Hendaye, le 28 mars 1885.

Mon régiment, le 34° de ligne, de la brigade Cambriels, division Granchamp et corps d'armée Lebrun, venait de se replier sous les murs de la place de Sedan, après un dernier engagement qu'il avait eu en avant et au nord du Fond-de-Givonne. J'avais soutenu la retraite du régiment pendant plus de vingt minutes avec une trentaine d'hommes que j'avais postés au remblai couvert de petits sapins sur la route de Bouillon (1).

Lorsque j'arrivai sur les glacis, j'aperçus une grande partie du régiment avec d'autres troupes, derrière une palissade devant appartenir au camp retranché ou à un ouvrage quelconque du corps de la place ; je la franchis à mon tour avec les quelques hommes qui me restaient et m'avaient suivi.

A peine y étais-je depuis quelques minutes que je vis MM. Tignols et Maréchal, lieutenants, s'approcher du colonel Hervé, à cheval, et lui demander à sortir de cette position. Je me joignis à ces messieurs et je dis au colonel : « Nous ne pouvons rester ainsi, il faut nous porter en avant ». Plusieurs autres officiers du régiment s'étant approchés, le colonel Hervé se décida à se mettre à notre tête et

---

(1) Je pense faire connaître, plus tard, la triste cause qui a fait qu'il ne me restait qu'une trentaine d'hommes à ce moment-là

nous partîmes en entraînant le plus de monde possible, sans que le chiffre dépassât **200** hommes; nous suivîmes le chemin couvert. A peine étions-nous en route qu'un obus, tiré par une batterie ennemie établie sur la rive gauche de la Meuse, enfilant les fossés d'un ouvrage à cornes, venait tomber à quelques pas en avant de nous, rasant la plate-forme du chemin couvert, et pénétrait, sans éclater, dans quelques pierres de démolition; un deuxième obus, suivant immédiatement, s'enfonçait en terre à la même place que le premier.

Après une pause de quatre à cinq minutes et voyant que l'artillerie ennemie ne tirait plus, nous continuâmes notre route. Nous sortîmes presque de suite du chemin couvert et nous nous dirigeâmes, en descendant, vers Balan. Arrivés à un pâté de quelques maisons et avant d'atteindre la route nationale, nous·rencontrâmes le général de Vassoigne, commandant la division d'infanterie de marine; il s'entretint avec le colonel Hervé. Après une halte de plus de dix minutes, nous nous remîmes en marche avec cet officier général, et la colonne augmenta de 150 à **200** hommes qui se trouvaient avec le général.

Pendant cet arrêt, en tirant mon mouchoir de ma poche, je fis tomber mon revolver et un coup partit sans blesser personne, ce qui me valut le mot de *maladroit* du colonel Hervé, croyant à un coup de fusil.

En arrivant sur la route nationale, la colonne recruta encore quelques soldats. Des hommes et moi aperçûmes quelqu'un qui cherchait à se dissimuler derrière un des gros arbres, en quinconce, plantés sur une espèce de place au bas de la côte et du côté de Sedan. Ayant reconnu la sacoche de celui qui se dissimulait, je l'appelai par son grade et son nom. C'est ainsi que mon capitaine est venu renforcer la colonne.

Pendant ce trajet, une trentaine de zouaves commandés par un sous-lieutenant en pantalon de toile, marchaient à notre hauteur et sur notre gauche. Je priai cet officier de se joindre à nous; il me répondit qu'il se portait en avant pour renforcer les tirailleurs qu'on voyait, faisant le coup de feu, à trois ou quatre cents mètres en avant, leur droite à hauteur des premières maisons de Balan, du côté de Sedan; leur ligne, de deux cents à deux cent cinquante mètres, s'étendait perpendiculairement à la route nationale, sur la crête d'un léger mouvement de terrain. Le nombre de ces tirailleurs ne dépassait pas **150** hommes.

Arrivé à l'embranchement de la rue centrale de

Balan avec la route nationale, nouvelle halte pour attendre, à ce que l'on me dit, le général de Wimpfen.

Nous profitâmes de cette pause pour nous désaltérer à une borne-fontaine qui se trouve devant une maison faisant face à l'angle de la bifurcation.

Pendant cet arrêt, la fusillade se faisait entendre un peu en avant de nous et sur notre gauche (celle des tirailleurs ci-dessus); mais elle avait complètement cessé avant que nous eussions repris notre marche.

Après plus de vingt minutes d'attente, le général de Wimpfen parut, accompagné d'un officier supérieur à cheval (je crois que c'était un colonel, sans pouvoir cependant l'affirmer) et quelques cavaliers d'escorte.

La colonne, ne dépassant pas 500 hommes, reprit sa marche en suivant la rue centrale et laissant la route que l'on venait de quitter à gauche; les généraux de Wimpfen et de Vassoigne, le colonel Hervé et l'autre officier supérieur en tête. La troupe suivait pêle-mêle, sans ordre, sur cinq ou six rangs et même plus, les officiers au milieu des hommes. Je marchais à la tête du plus grand nombre des hommes qui me restaient de ma section, vers le milieu de la colonne, à quarante ou cinquante mètres de la tête. On fit un Bavarois prisonnier vers le milieu dé la rue. Les hommes montraient de l'entrain et de l'enthousiasme.

Lorsque la tête de colonne déboucha sur la large rue centrale, ou place de l'église, elle fut reçue par une vive fusillade partant du carrefour formé par la rue prolongeant celle que nous suivions et parallèle à l'église et une autre qui, lui étant perpendiculaire, rejoint la route nationale.

La tête de colonne eut une seconde de surprise et d'hésitation, hésitation qui se communiqua, comme une décharge électrique, à toute la colonne; l'enthousiasme et l'entrain disparurent.

Cependant, deux officiers d'infanterie de marine ou de chasseurs à pied, M. Héry, lieutenant au 34ᵉ de ligne et moi nous élançâmes en avant; j'entraînai une dizaine d'hommes de ma section, et d'autres soldats à peu près en même nombre nous suivirent.

Lorsque nous fûmes arrivés vers le milieu de la rue, l'ennemi renouvela sa fusillade; les officiers et tous les soldats qui s'étaient portés en avant, se jetèrent à gauche, côté d'où partait la fusillade, et se trouvèrent ainsi à l'abri. Me trouvant à droite, je me jetai *seul* de ce côté, dans le corridor d'une maison. Après une seconde de répit, je me mis à envisasager notre position. Je vis la France vaincue, mon pays (la Lorraine) allemand; alors je me suis dit : « Autant vaut se faire tuer ! »

Prenant mon revolver, je sortis de la maison, je me plaçai à deux ou trois pas de la porte et je tirai avec le plus grand calme, le plus grand sang-froid sur l'ennemi qui se trouvait à moins de cent mètres. Voyant que mes deux premiers coups ne produisaient aucun effet, je rectifiai mon tir. Sachant que mon arme, que j'avais essayée au camp de Châlons, portait à deux cents mètres avec une grande justesse, je déchargeai les trois autres coups qui me restaient, le sixième étant parti lors de notre deuxième arrêt. L'ennemi ramassa trois des siens. Étaient-ce des morts ou des blessés? je l'ignore.

Et il battit en retraite.

Pendant tout ce temps, l'ennemi faisait feu sur moi, sans qu'aucune des balles que j'entendais frapper la porte, les volets ou le mur m'ait atteint.

Dès que l'ennemi se retira, je me précipitai en avant en entraînant les officiers et la troupe qui s'étaient réfugiés à gauche. En arrivant devant l'église et au carrefour que l'ennemi venait d'abandonner, nous fûmes accueillis par des feux venant de droite, de gauche et d'en avant; bientôt la plus grande partie de nos hommes furent tués ou blessés.

Pendant cette fusillade, une balle passa entre les genoux de M. le lieutenant Héry ; je le vis chanceler ; il me dit qu'il pensait être blessé et se retira. Il me fit connaître, plus tard, qu'une grosseur comme le poing lui était venue à chaque genou, mais qu'elles avaient disparu presque aussitôt.

Un nommé Mouchet, un Bordelais, auquel j'avais fait quelques observations pendant la route du camp de Châlons à Sedan, m'avait répondu que je pouvais compter sur lui, qu'il serait le dernier qui me suivrait ; il tint parole, reçut une balle dans une jambe et tomba sur les marches de l'escalier du café à volets verts, qui forme l'angle de la rue, à gauche et contre l'église ; une simple venelle les sépare. Des hommes voulaient l'emporter, il refusa en leur disant : « Restez avec le lieutenant (moi), mettez-moi seulement là » en montrant le côté droit de l'escalier, « pour qu'ils ne m'achèvent pas ». Ce qui fut fait et cet homme ne proféra aucune plainte. Il a pu en guérir.

Un soldat d'infanterie de marine mit en joue pour tirer dans la direction de la route nationale ; je relevai son arme en lui faisant remarquer qu'il avait des hommes devant lui. Je me retournai pour donner des ordres aux hommes qui tiraient vers la Meuse, lorsque j'entendis derrière moi un coup de fusil. Je regardai et je vis ce soldat encore en joue et un grand beau jeune homme, caporal au 50e de ligne, étendu à ses pieds, le sommet de la tête enlevé. « Voyez ce que vous avez fait, dis-je à cet homme, et malgré ma défense. » Il regarde sa victime, laisse tomber son arme et se sauve comme un fou en pleurant.

Pendant que les trois faits ci-dessus se succédaient rapidement, nous recevions peu de renfort et l'ennemi, vers la fin, s'était retiré, excepté du côté de la route nationale, d'où continuaient à nous arriver des coups de fusil.

Une pièce de 4 fut amenée et un vieux sous-officier à trois chevrons la pointa sur le portail d'un parc de l'autre côté de la route où l'ennemi, comme je le dis plus haut, se montrait encore. Au troisième coup le montant de droite du portail fut atteint sans être cependant renversé. La pièce tira encore un ou deux coups et se retira.

A ce moment, nous ne restions pas trente au carrefour et devant l'église. Il y avait plus de blessés et de morts que de vivants.

Quelques instants après, l'ennemi reparut dans la rue centrale et je me décidai aussitôt à lui faire face.

Je fis filer mes hommes par le café : ils entraient

par la porte donnant sur la place et sortaient par celle de la rue, gagnant ainsi, à l'abri, quelques mètres. Aussitôt que nous eûmes débouché dans la rue, un combat s'engagea à une distance ne dépassant pas vingt mètres. Je déchargeai de nouveau mon revolver sur l'ennemi qui se défilait et que nous ne pouvions guère atteindre; j'ordonnai alors à des hommes de prendre des matelas dans la deuxième ou troisième maison après celle du café; je les leur fis plier en deux sur la route et ces hommes se mirent derrière pour tirer par-dessous les voitures dans les jambes de l'ennemi. Après quelques coups tirés ainsi, l'ennemi battit en retraite avec des boiteux.

Ne pouvant les poursuivre et continuer à m'avancer avec les dix ou douze hommes qui me restaient, je leur ordonnai de demeurer en position et de se maintenir pendant que j'allais chercher du renfort.

En arrivant devant le café, je ne vis sur la place à l'extrémité du côté de l'église (il y avait beaucoup de troupe à l'autre extrémité) que mon colonel, le colonel Hervé, qui se trouvait sur la droite (côté de la Meuse) à hauteur de la porte d'un mur assez élevé du jardin qui faisait le coin de la place et d'un chemin descendant vers la Meuse en partant de l'église.

Je me dirigeai vers lui et je le priai de me donner du renfort : « Je n'ai personne », me dit-il, et, se retournant, il continua : « Voilà tout ce que j'ai » en me montrant neuf soldats, zouaves et fantassins de terre et de marine, qui arrivaient à notre hauteur, « vous pouvez les prendre ».

Je le priai, si d'autres hommes se présentaient, de me les envoyer et je partis en expédiant cinq de ces hommes pour renforcer ceux que j'avais laissés dans la petite rue centrale. Je pris les quatre autres et j'allai les poster derrière l'église, dans le cimetière, en les faisant monter sur les tombes pour pouvoir tirer par-dessus le mur assez élevé, garder notre droite et éviter que nous fussions pris à revers pendant que nous avancerions par la rue. Je leur expliquai leur mission.

Je me retirais lorsque j'aperçus un sous-lieutenant de la ligne, dans le jardin contre le cimetière du côté de la Meuse et derrière le mur en prolongement de celui du cimetière, mais moins élevé; il arrivait avec deux ou trois hommes; je lui fis connaître les motifs pour lesquels je plaçais des hommes sur les tombes et je lui ordonnai d'en prendre le commandement pendant que j'allais essayer de m'avancer par la rue centrale.

Dans ce moment, le plus grand silence régnait; on

n'entendait aucun coup de fusil ni de canon, ni à droite ni à gauche.

J'allai rejoindre mes hommes ; mais, en arrivant au point où je les avais laissés, je ne vis plus personne, pas même les cinq soldats que j'avais envoyés comme renfort. En revanche, je fus reçu par la fusillade d'une section bavaroise postée sur la terrasse d'une grande maison, vis-à-vis du café, et appartenant, à ce qu'on m'a dit plus tard, à un général. Je cherchais ce que mes hommes étaient devenus, lorsque j'entendis parler derrière une porte : je la pousse, elle me résiste ; je me fais connaître, alors on se décide à m'ouvrir. Je trouve là, dans un corridor étroit d'une maison n'ayant qu'une chambre du côté gauche, en entrant et à droite un grand mur de refend mitoyen, une dizaine de soldats et un capitaine du 50e de ligne, grand, le teint coloré et âgé de quarante-deux à quarante-cinq ans, que je n'avais pas encore vu.

Je m'informai, auprès de lui, si on avait cherché à attaquer l'ennemi par le grenier ; sur sa réponse négative, je cherchais de quoi pouvoir y monter, lorsque je découvris une échelle dressée sur champ, derrière la porte d'entrée et contre le mur mitoyen. J'abats cette échelle et je monte en me faisant suivre de deux soldats : nous pénétrons dans le grenier par

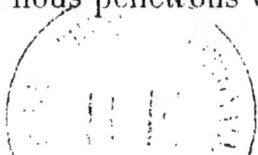

une trappe ; il était très propre et vide, sauf un tas de fagots dans un renfoncement. J'ordonnai à l'un des deux hommes de s'assurer si personne n'était caché dans ces fagots ; sur un mouvement d'hésitation, j'y allai moi-même en lui disant : « S'il y a quelqu'un, il doit avoir plus de peur que vous. »

Je m'approchai d'une petite fenêtre, sans croisée, fermant par un simple volet et donnant sur la rue. On ne pouvait guère tirer, de l'intérieur du grenier, directement sur la terrasse où se trouvait l'ennemi, celle-là étant en avant et sur la droite. Alors je me suis assis sur la fenêtre, le corps en partie dehors et les jambes en dedans de la maison : je me fis passer le fusil chargé d'un des deux hommes et je tirai un premier coup de feu ; je me fais passer le deuxième fusil et je tire de nouveau, et l'ennemi de se retirer aussitôt par l'intérieur du parc.

De suite, je saute en bas du grenier plutôt que je ne descends l'échelle, et je m'élance dehors en criant : « En avant! » Et nous nous précipitâmes sur la grande porte de la cour de la maison, dite du général. Les hommes qui s'étaient réfugiés dans les autres maisons nous suivirent.

En arrivant devant cette porte, nous reçûmes une décharge de l'ennemi établi à l'extrémité de la rue, du côté de Bazeilles, dans la rue transversale. Un

sergent d'infanterie de marine reçut une balle dans
un pied. Nous pénétrâmes dans la cour (elle était
jonchée de bouteilles vides et cassées), et nous mon-
tâmes sur la terrasse, à droite en entrant, que l'ennemi venait d'abandonner, pour lui répondre.

Nous étions une quinzaine d'hommes en tout ; je
ne revis plus le capitaine du 50e de ligne, mais deux
officiers d'infanterie de ligne ou de chasseurs à pied
étaient venus nous rejoindre.

En arrivant sur la terrasse, nous trouvâmes
étendu, sur les marches d'un escalier conduisant
dans un bâtiment formant un côté de la rue parallèle à l'église sur la plus grande longueur du parc, et
composé d'un rez-de-chaussée seulement, le cadavre
d'un soldat bavarois jeune, grand et blond, frappé au
front par la balle d'un des deux coups de fusil que
j'avais tirés de la fenêtre de la maison d'en face.

Je fis embusquer mes hommes derrière le mur de
la terrasse donnant sur la rue, et j'allai en placer un
contre la borne du montant droit de la porte d'entrée.

Quelques minutes après, j'y retournai : ce soldat
avait disparu en laissant son fusil. Je le pris et je
tirai sur un Bavarois qui regardait à une petite fenêtre, à droite de la porte d'une maison faisant face à
notre rue et dans son axe. Cet homme laissa tomber

son fusil et porta les mains à son postérieur en se sauvant.

Je remontai sur la terrasse d'où tiraillaient mes hommes, et j'aperçus de l'autre côté de la rue, dans une maison isolée et un peu en avant, des soldats de ma section qui m'appelèrent. Je leur recommandai de bien surveiller les jardins. Quelques instants après ma recommandation, j'entendis une vingtaine de coups de fusil dans cette direction. Ensuite tout se tut, et je ne vis plus personne.

Le silence régnait également sur notre gauche depuis que la pièce de 4 s'était retirée. Et je me demandai ce qu'étaient devenus les zouaves commandés par le sous-lieutenant auquel j'avais parlé et les tirailleurs qu'ils allaient renforcer.

Les deux officiers qui étaient avec moi avaient disparu depuis longtemps. Je ne recevais aucun renfort. Le colonel Hervé avait-il eu des hommes? Les avait-il envoyés du côté du cimetière, où il m'avait vu me diriger, lorsque je l'avais quitté pour aller placer des hommes sur les tombes pour garder ma gauche?

M. Frémicourt, capitaine adjudant-major et M. Traverse, lieutenant, tous deux du 34ᵉ, furent tués dans les jardins.

Mes hommes continuaient à échanger des coups

de fusil avec l'ennemi. Un officier bavarois, qui traversait continuellement la rue, du coin de droite à la porte du parc (le parc avait une porte à l'autre extrémité de la rue où nous étions), n'a pu être atteint, et il n'était pas à plus de cent vingt mètres.

Les hommes qui étaient avec moi se retiraient de plus en plus et je restai seul d'officier.

En revenant de jeter un coup d'œil dans le parc pour le reconnaître avant de gagner l'extrémité de la rue, je ne trouvai plus que quatre soldats et deux sous-lieutenants de chasseurs à pied ou d'infanterie de marine ; ces derniers arrivaient.

Chose remarquable : ces quatre soldats avaient trois chevrons chacun et représentaient les quatre corps de l'infanterie : ligne , zouaves , chasseurs à pied et infanterie de marine.

Je leur dis que nous allions gagner la rue transversale, où se voyait l'ennemi, en nous portant en avant et en longeant le grand bâtiment par l'intérieur du parc. J'envoyai un homme sur notre gauche pour nous couvrir du côté de la route, nationale ; je croyais les jardins derrière le cimetière encore occupés, et tous les six nous partîmes. Le bâtiment que nous longions avait plusieurs fenêtres donnant sur le parc et fermées par des volets ; les hommes regardaient ces ouvertures avec méfiance, lorsque, me rappelant une fable, je leur fis remarquer qu'elles avaient des toiles d'araignée remplies de mouches; elles n'avaient pas été ouvertes; donc, il n'y avait rien à craindre.

A peine avais-je fini de rassurer mes hommes, et nous trouvant vers le milieu du bâtiment, l'homme que j'avais envoyé pour surveiller notre gauche, vint me prévenir qu'une colonne ennemie entrait dans le parc. En regardant en avant vers le coin gauche, j'aperçus des soldats bavarois qui pénétraient dans le parc par la partie où se trouvait un plant de cassis, de framboises ou d'asperges montées. M'arrêtant et m'adressant aux deux officiers et aux quatre soldats, je leur dis : « Puisque nous sommes seuls et que nous allons être tournés, il ne nous reste qu'à nous retirer. » Nous fîmes demi-tour sans nous presser; les deux officiers prirent à droite par derrière la maison d'habitation, les quatre hommes et moi sortîmes par la porte que nous avions prise pour pénétrer dans la cour de la maison du général.

Après avoir franchi la porte, je regardai ma montre; il était cinq heures vingt minutes du soir.

En arrivant sur la place de l'église, nous la trouvâmes complètement évacuée, sauf : 1° un cuirassier, à cheval, qui allait de porte en porte et se trouvait à celle de la dernière maison formant le coin

opposé à celui formé par le parc ou jardin de la maison du général. Je lui demandai ce qu'il cherchait,
il me répondit : « Je viens dire à tout le monde
qu'on se retire et de battre en retraite », et il partit
avec mes hommes; 2° à l'autre extrémité de la place,
ou grande rue centrale, un peu avant le point où nous
nous étions lancés en avant la première fois, et à
gauche, du côté de la Meuse, le général de Wimpfen,
à cheval, avec M. Savary, lieutenant au 34ᵉ de ligne,
faisant les fonctions d'adjudant-major, et le clairon
Balthasar de ma compagnie. Ce groupe avec le
cuirassier, les quatre hommes et moi étions tout ce
qui se voyait sur cette place. Le plus grand silence,
un silence glacial, un silence de mort régnait !

Je me dirigeai vers le général et, dès que je fus à
sa portée, il me dit : « Lieutenant, il faudrait re-
tourner à Balan (en me montrant d'où je venais) et
dire aux hommes qui y restent de battre en retraite. »
Je lui répondis : « Mon général, j'en arrive, il ne
reste plus personne; tous ceux qui y étaient sont là
qui défilent. » Et je lui montrais le cuirassier et les
quatre hommes. Il s'adressa alors à M. Savary:
« Allez-y, vous, Monsieur » ; et M. Savary de
répondre : « Puisque M. Grand-Didier dit qu'il ne
reste plus personne, c'est qu'il n'y a plus personne. »
Je repris : « Mon général, voilà mon clairon, je vais

lui faire sonner en retraite. » Je m'adresse au clairon (un gros Alsacien) : « Balthasar, sonnez en retraite. » Il se mit à sonner; mais personne ne parut : il ne restait que les morts et les mourants. Nous fîmes par le flanc et nous nous dirigeâmes vers Sedan.

Il était cinq heures et demie.

Voilà comment finit la malheureuse bataille de Sedan ! Et voilà la fameuse trouée de Balan !

Ce qu'est devenu le drapeau du 34ᵉ de ligne après Sedan.

Le 2 septembre, le 34ᵉ de ligne alla bivouaquer en colonne, sur les remparts à l'ouest de la ville; la droite dans la direction de la Meuse, la gauche à un grand mur et faisant face à une poudrière vide qui se trouvait à quelques pas en avant.

Ma compagnie était celle du drapeau porté par M. Piquet aîné, et M. Piquet jeune, son frère, était mon sous-lieutenant.

Le 3 septembre, vers deux ou trois heures du soir, les hommes de ma compagnie avaient allumé un feu entre les faisceaux des deux sections, devant le drapeau qui était du côté du mur.

J'étais devant le feu et je regardais le drapeau couché sur les faisceaux, lorsque des hommes de ma compagnie, me voyant ainsi le regarder, me demandent ce qu'on allait en faire. « Le brûler si vous voulez, mais sans bruit ». (Je craignais les reproches et les observations de mes supérieurs.)

Cependant, le bruit se répand qu'on allait brûler le drapeau ; on forme le cercle, des soldats et des sous-officiers déchirent des morceaux d'étoffe et tirent des franges pour les conserver ; autant que je puis me rappeler, M. Monet s'empara de la cravate. La hampe est cassée en trois morceaux et mise sur le feu, ainsi que tout ce qui restait d'étoffe et de franges ; j'ordonne qu'on jette l'Aigle dans le fossé du rempart rempli d'eau. Je fais ensuite lancer dans le même fossé les cartouches qui restaient à mes hommes présents et les culasses mobiles de leurs fusils. Je ne fis pas faire tout cela sans une certaine crainte.

Trois heures après la destruction du drapeau, le régiment était dirigé dans l'île d'Iges.

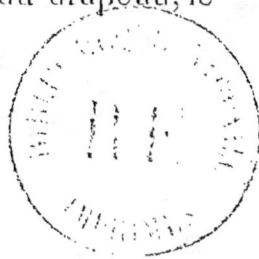

Légende du plan de Balan.

1. Embranchement de la rue centrale avec la route nationale, où le général de Wimpfen nous rejoint.
2. Où la tête de colonne fut reçue par la fusillade.
3. Où les troupes lancées en avant se jettent à droite, lorsque l'ennemi recommence le feu.
4. Maison dans laquelle je me jette seul et d'où je tire cinq coups de revolver.
5. Où M. Héry fut blessé, le caporal du 50e tué.
6. Où Mouchet fut, sur sa demande, déposé après sa blessure.
7. Troupe ayant fait feu sur la tête de colonne et sur moi, au point 4.
8. Porte du parc sur laquelle la pièce d'artillerie a été pointée.
9. Où se trouvait le colonel Hervé lorsque je suis allé lui demander du renfort.
10. Eglise et cimetière.
11. Où se trouvait le sous-lieutenant, auquel je donnai le commandement des hommes placés sur les tombes.
12. Fumiers et voitures.
13. Où je fis placer des matelas pliés en deux.
14. Maison dans le corridor de laquelle j'ai trouvé le capitaine du 50e et du grenier de laquelle je tire deux coups de fusil sur les Bavarois postés sur la terrasse en face.
15. Terrasse sur laquelle se trouvaient les Bavarois et où l'un d'eux fut tué.
16. Porte d'entrée de la maison dite du général.
17. Maison dite du général.
18. Bâtiment à un rez-de-chaussée avec ouvertures sur le parc.
19. Maison d'où les soldats de ma section m'appelèrent.
20. Porte à l'extrémité du parc.
21. Maison de la rue transversale dans laquelle regardait le Bavarois sur lequel j'ai tiré un coup de fusil.
22. Plan de cassis, de framboises ou d'asperges montées où j'aperçus l'ennemi pénétrant dans le parc.
23. Où nous étions arrivés lorsque nous avons fait demi-tour.
24. Où nous rencontrâmes le cuirassier à cheval.
25. Où se trouvaient le général de Wimpfen, M. Savary, lieutenant, et le clairon Balthasar.
26. Hauteur, approximative à laquelle se trouvaient les tirailleurs que l'officier de zouaves allait renforcer.
27. Un Bavarois est fait prisonnier dans une maison.

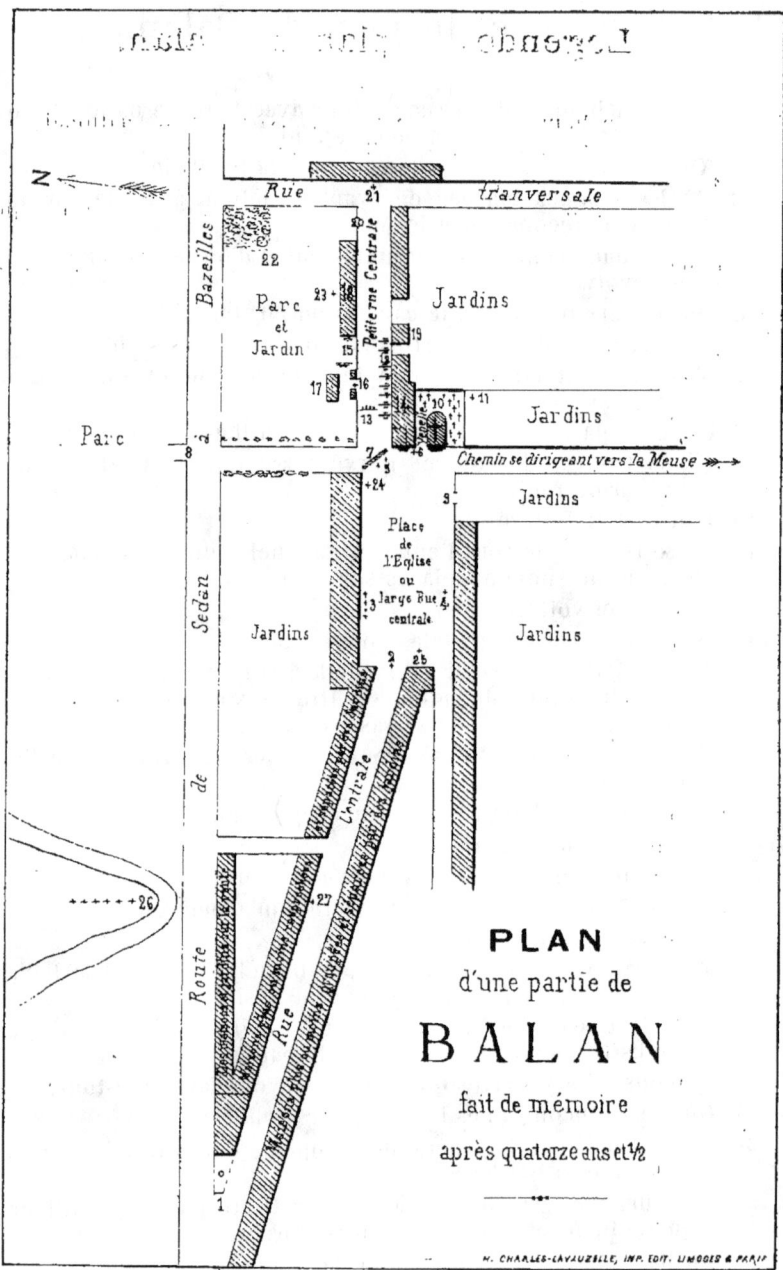

N

Rue transversale

Bazeilles

Rue

21

22

23

Petite rue Centrale

Jardins

Parc
et
Jardin

19

15

17

16

13

10

11

Jardins

Parc

8

2

Chemin se dirigeant vers la Meuse

7

6

24

5

Jardins

Place
de
l'Église
ou
large Rue
centrale

3

Jardins

Sedan

Jardins

2

25

de

Rue Centrale

26

27

Route

Rue

PLAN
d'une partie de
BALAN
fait de mémoire
après quatorze ans et ½

1

RECUEIL ADMINISTRATIF

A L'USAGE

Des Corps de Troupe de toutes Armes

OU

CODE MANUEL

PAR

É. CHARBONNEAU

Officier d'administration de 1ʳᵉ classe des bureaux de l'Intendance militaire

Ouvrage dont l'achat a été autorisé

Par décisions des Ministres de la guerre et de la marine en date des 7 octobre
et 2 décembre 1878

Fort volume in-folio de 772 pages. — Prix............. **15 fr.**

DICTIONNAIRE

DES

CONNAISSANCES GÉNÉRALES UTILES A LA GENDARMERIE

Par M. L. AMADE

Chef d'escadron de gendarmerie, Chevalier de la Légion d'honneur,
Officier d'académie

ET POUR LA PARTIE ADMINISTRATIVE

Par M. CORSIN

Capitaine trésorier de gendarmerie

Volume in-8, broché, de 800 pages. — Prix : 5 fr. — Relié en toile anglaise : 6 fr.

QUESTIONNAIRE COMPLET

DES CONNAISSANCES NÉCESSAIRES

Aux ÉLÈVES CAPORAUX des PELOTONS D'INSTRUCTION

A l'usage des Officiers,
Sous-Officiers et Caporaux instructeurs, des Elèves caporaux
et des Engagés conditionnels.

Conforme au programme annexé à l'Instruction du 19 novembre 1884
et aux dernières décisions ministérielles.

2ᵒ ÉDITION

Volume in-32, cartonné, de 120 pages, 2ᵉ édition. — Prix : 75 centimes,
60 centimes pour les demandes collectives des corps.

ALMANACH
DE L'ARMÉE FRANÇAISE
EN 1885

Volume in-32 de 192 pages, 50 centimes.
Ce précieux ouvrage, mis à jour, contient un véritable annuaire.

MANUEL D'INFANTERIE

A L'USAGE

DES ÉLÈVES CAPORAUX ET ASPIRANTS SOUS-OFFICIERS
Des Pelotons d'instruction

Conforme au programme annexé à l'Instruction du 19 novembre 1884.

TOME Ier : Devoirs moraux du soldat, police et discipline. — Manœuvres (1re période). — Règlement sur l'instruction du tir. — Gymnastique. — Règlement sur le service intérieur. — Règlement sur le service des places. — Fort volume in-32 de 608 pages. — Prix : **2 fr.** et **1** fr. **60** pour les demandes collectives.
TOME II : Sous presse.

A. HEUMANN

LES

THÉORIES DANS LES CHAMBRES

I. — Education militaire du soldat.

(3e ÉDITION(

Volume in-32 de 160 pages, relié toile gaufrée 0 fr. 75.
0 fr. 60 pour les demandes collectives des corps de troupe.

II. — Instruction militaire du soldat.

(2e ÉDITION.)

Volume in-32 de 302 pages, relié toile gaufrée, 1 fr. 25.
1 fr. pour les demandes collectives des corps.

A. TELLER

SOUVENIRS DE SAINT-CYR

PREMIÈRE ANNÉE.

I. Arrivée à Saint-Cyr. Coup d'œil sur l'École. Le médecin. Prise d'habit militaire. Le perruquier. Au magasin d'habillement. Je suis en uniforme. Impressions. - II. Au réfectoire. Le dortoir. Le *Père Système*. Premières notions militaires. Les adjudants. Les *serpents d'ours*. — III. Arrivée des anciens. Première entrevue. Composition des petits états-majors de compagnie. Les *officiers-galettes*. — IV. La vie à Saint-Cyr après l'arrivée des anciens. *Vent, système* ou *brimades*. Un dortoir dans la matinée. *Vent* à l'étude. — V. Les dortoirs pendant la nuit et pendant l'astique du samedi. — VI. — La cuisine de l'École. Les menus. Le maniement de l'épinglette. La famine. — VII. L'argot à Saint-Cyr. Coutumes et traditions. Noms des promotions. — VIII. Les états-majors de l'École. Officiers de compagnie. Officiers *corps-de-pompe*. — IX. Types divers d'officiers et d'élèves. Les crocodiles. — X. Division de la journée. Les colles et les colleurs. L'infirmerie. — XI. Moyennes. Sorties. Promenades libres. — XII. Les sorties-galettes et leur action sur le chemin de fer de l'Ouest. — XIII. La vie militaire à Saint-Cyr. Exercices. Théories. Gymnase. Promenades militaires. — XIV. La section de cavalerie. Détail de mœurs. — XV. La salle des jeux et le théâtre. Les salles de musique. La bibliothèque. Les grandes représentations. Nos vengeances. — XVI. La promotion du mois d'avril. Les asspessades. Initiation. La Saint-Sylvestre. Le 113. — XVII. Les saisons à l'École. Jours d'hiver : la masse couvrante. La cible. Jours d'été : le petit bois. Promenades nocturnes. — XVIII. Les examens. Derniers jours de première année. La revue d'honneur. Les duels. Réflexions sur les brimades. — XIX. La revue au Champ-de-Mars. — XX. Deux poésies sur l'existence des recrues à Saint-Cyr.

Volume in-12, luxueusement imprimé. — Prix : 3 fr.

PÉCHÉS DE GARNISON

« Mieux est de ris que de larmes escripre :
Pour ce que rire est le propre de l'homme. »

F. RABELAIS.

» Ces pages renferment des récits, des scènes prises sur le vif, quelques anecdotes de garnison et des souvenirs de la guerre de 1870.
» Je les ai écrites au régiment, pour me distraire. — Est-ce un péché?
» Après les avoir lues à quelques amis, j'ai pensé qu'elles pourraient plaire à d'autres personnes et je les ai fait imprimer. — Est-ce un plus gros péché? Je ne sais. Mais que celui qui n'en a pas commis de plus grand m'accable!
» Je demande toutefois humblement pardon aux dames de mes erreurs, et comme elles sont d'habitude indulgentes, j'espère qu'elles m'accorderont l'absolution.

» E... T... »

Volume in-12 broché, de 300 pages, imprimé avec luxe. — Prix : 3 fr.

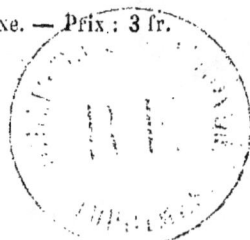

PARIS ET LIMOGES. — IMP. MILITAIRE HENRI CHARLES-LAVAUZELLE.

www.ingramcontent.com/pod-product-compliance
Lightning Source LLC
Chambersburg PA
CBHW060749280326
41934CB00010B/2416